BIRGIT MARIA KEMPHUES

WIE MAN ARABISCHE BUSINESS-FREUNDE GEWINNT!

Zielgerichtet Erfolgreich mit der Takt & Stil Methode für Business Meetings

Book Series on United Arab Emirates

Weiter Bücher der Autorin finden Sie im Buchhandel und auf www.amazon.com.
Neuer Local Bestseller: KDP-ISBN : 9798636534242

2. Auflage - Copyright © 2024 Birgit Maria Kemphues.

KPD- ISBN: 9798637527762

Front cover image by www.EventandMedia.com
Book design by Designer Team www.EventandMedia.com.

Contact:

Birgit Maria Kemphues
United Arab Emirates

Email: Media@Kemphues.com

„Das Leben ist eine Eintrittskarte für

die größte Show der Welt."

Martin H. Fischer, Arzt und Autor

ZUR AUTORIN:

„Es gibt keine wichtigen Geschäfte, nur wichtige Menschen" verrät Birgit Maria Kemphues ihren großen beruflichen und sozialen Erfolg in den Golfstaaten, wo Geschäfte in erster Linie über zwischenmenschliche Beziehungen definiert werden und die Rolle der „Geschäftsfrau" ganz eigene Herausforderungen mit sich bringt.

Birgit Maria Kemphues hat den Aufbau mehrerer Unternehmen und Investmentfonds geleitet und überwacht, die Projektfinanzierungen in verschiedenen Sektoren wie Immobilien, Finanzdienstleistungen, Einzelhandel, Landwirtschaft, Lebensmittel, Produktion, Event & Hospitality, Finanzinstitutionen und Regierungskunden strukturiert haben. Vorstandsvorsitzende Birgit Maria Kemphues lebt seit 20 Jahren in den Golfstaaten.

Sabah al Khair -

Guten Tag!

Die Bevölkerung in den VAE besteht zu einem weitaus größeren Teil aus ausländischen Fachkräften als aus Emiratis. Die Gruppe der Emiratis setzt sich dabei zusammen aus der Gruppe der „Locals" – den Nachfahren und Angehörigen der seit Jahrhunderten ansässigen Beduinenstämme und Herrscherhäuser - und den sonstigen emiratischen Staatsbürgern.

„The UAE hosts people from around 207 countries working together harmoniously in a wide spectrum of jobs at all levels", beschreibt das UAE Yearbook 2023 die Herkunft der Erwerbstätigen. Der große Bevölkerungsanteil ausländischer Einwohner steigt dabei immer noch an und lag 2022 bei 88,7 Prozent.

Die Vereinigten Arabischen Emirate sind Deutschlands wichtigster Handelspartner in der arabischen Welt –

Zuwachsraten von mehr als 20 Prozent beim Export sprechen eine deutliche Sprache. Doch sprechen gerade

Europäische Frauen und Männer im Geschäftsleben auch die Sprache ihrer Business-Partner aus den VAE? Immerhin treffen bei Kontakten zwischen Europäern und Arabern ganz verschiedene Welten aufeinander – da gilt es, von der Begrüßung über die Kleidung bis zum gemeinsamen Essen nichts falsch zu machen.

Als in den Emiraten lebende Unternehmerin und mit den vielfältigen geschäftlichen und persönlichen Kontakten in die Golfstaaten, wir nennen es hier auch gerne mal „WASTA" möchte ich die Besonderheiten näher bringen, auf die es beim Umgang mit Geschäftspartnern ankommt. Denn auch wenn Zahlen, Daten und Fakten bei allen Geschäften selbstverständlich wichtig sind – für die Bewohner der Arabischen Emirate geht es immer auch um die Begegnung von Mensch zu Mensch, um Vertrauen, um Achtung und Ehre.

Im Zweifel sind diese Faktoren für den geschäftlichen Erfolg sogar wichtiger als alle Zahlen, Daten und Fakten. Ein klarer Vorteil für Business-Frauen, die entgegen oft gehegter Ansichten von arabischen Männern voll akzeptiert werden und deshalb gerade hier ihre Stärken ausspielen können.

Mit welcher Hand wird gegessen? Was muss überhaupt auf der Visitenkarte stehen? Und warum sollten Frauen die Beine nicht übereinander schlagen? Und sollte beim Mittagessen in privatem Rahmen eher wenig oder eher viel gegessen werden?

Auf diese und viele andere Fragen möchte ich aus meiner Erfahrung heraus ganz praktische und im Alltag hilfreiche Antworten geben, damit Ihr Besuch in den von mir sehr geschätzten Vereinigten Arabischen Emiraten zu einem Erfolg wird!

Herzlichst

Birgit Maria Kemphues

„Erfolgreich zu sein ist so spannend,
und macht so viel Spaß.“

Maria Sancto Bella, italienische Unternehmerin

VORWORT

Die bilateralen Wirtschaftsbeziehungen zwischen den Vereinigten Arabischen Emiraten und Deutschland sorgen seit Jahren für Rekordzahlen mit zweistelligen Zuwachsraten. Ob mittelständische Familienunternehmen oder Konzerne – die VAE sind für die deutsche Wirtschaft der mit Abstand wichtigste Handelspartner in der arabischen Welt.

Diesen Chancen stehen gerade für Geschäftsfrauen aber auch gewisse Risiken gegenüber. Gar nicht mal in erster Linie im rein wirtschaftlich-geschäftlichen Umgang, sondern viel mehr in der persönlichen Begegnung mit der arabischen Welt. Denn hier treffen westlich-abendländisch geprägte und sozialisierte Frauen auf eine andere Mentalität, deren Regeln und unausgesprochenen Gesetze es zu kennen gilt, sollen Missverständnisse und Peinlichkeiten vermieden werden. Denn kaum irgendwo hängen persönliche Kontakte und zwischenmenschliche Sympathie und der geschäftliche Erfolg so eng zusammen wie hier.

Zahlreiche Messen, Kongressen, Business Meetings in die VAE und vielfältige persönliche Begegnungen mit Geschäftspartnern in der arabischen Welt hat die Unternehmerin Birgit Maria Kemphues ein ganzes Bündel ganz praktischer Tipps und Ratschläge zusammengetragen, die den besonderen Anforderungen und Erwartungen an westliche Frauen und Männer im Umgang mit potentiellen Geschäftspartnern in den VAE Rechnung tragen. Ob spezielle Einblicke in die besondere Mentalität der arabischen (Männer-)Welt oder ganz praktische Beispiele vom richtigen Follow up- Telefonieren über die korrekte Vorstellung beim arabischen Gesprächspartner bis hin zum perfekten Geschäftsessen – die Autorin gibt einen spannenden Einblick in die ganz speziellen Umgangsformen, deren Beherrschung fundamentale Bedeutung haben für den geschäftlichen Erfolg in Wirtschaft und Handel mit den wichtigen Emiraten.

INHALTSVERZEICHNIS / CONTENT

1.

SEHEN UND GESEHEN WERDEN

Vom Vorurteil zum fundierten Urteil –
Wie die arabische Welt die Deutschen sieht und umgekehrt

„Wir sind ein Volk der Denker, denn wir denken immer
daran, was andere wohl von uns denken."

Gerhard Uhlenbruck,
deutscher Aphoristiker und Immunbiologe

Die gute Nachricht gleich vorweg: Deutsche sind in der arabischen Welt im Allgemeinen und in den Vereinigten Arabischen Emiraten im Besonderen gern gesehen. Denn „Made in Germany" genießt hier hohes Ansehen. Deutschen werden Eigenschaften wie Fleiß, Ordnungsliebe, Glaubwürdigkeit, Verlässlichkeit und Pünktlichkeit zugeschrieben. Produkte und Dienstleistungen aus Deutschland gelten als hochwertig, die Qualitätsstandards werden von den arabischen Geschäftspartnern geschätzt.

Die etwas schlechtere Nachricht gleich hinterher: Deutsche gelten auch als humorlos und arrogant mit einem Hang zur Besserwisserei. Auch Geduld wird nicht eben als deutsche Tugend betrachtet.

Eine repräsentative Umfrage hat folgende Gegenüberstellung charakteristischer Eigenschaften von Deutschen und Arabern sowohl im Positiven als auch im Negativen ergeben, deren Bewertung und Berechtigung jede Leserin und jeder Leser an dieser Stelle einmal kurz für sich vornehmen möge:

Positive Eigenschaften

Deutsche sind...

...zielstrebig, präzise, korrekt, ehrlich, organisiert, motiviert, ordnungsliebend, treu, zuverlässig, einsatzbereit, pünktlich und fleißig.

Araber sind...

...gastfreundlich, flexibel, loyal, religiös, offen, kreativ, poetisch, herzlich, humorvoll, familiär und gesellig.

Negative Eigenschaften

Deutsche sind...

...detailversessen, besserwisserisch, beziehungsarm, kühl, unflexibel, emotionslos, humorlos, verschlossen, arrogant, unhöflich, berechnend und überheblich.

Araber sind...

... aufbrausend, unpünktlich, unzuverlässig, laut und faul.

Natürlich finden wir die positiven Eigenschaften allesamt mehr oder minder zutreffend. Doch wer ehrlich ist mit sich, der wird auch bei der einen oder anderen negativen Eigenschaft innerlich zugestimmt haben. Und diese Ehrlichkeit in der Bewertung ist eine wichtige Grundvoraussetzung, um gerade auch die bestehenden Unterschiede im Leben, Denken und Fühlen dieser beiden verschiedenen Kulturkreise zu akzeptieren. Und durch entsprechende Verhaltensweisen sogar erfolgreich für sich zu nutzen. Denn viele Länder gerade in der arabischen Welt haben einen sehr viel engeren Verhaltenskodex als wir Deutsche. Mit der zupackenden deutschen „Hoppla, jetzt komm ich!"-Mentalität, in Europa und den USA durchaus geschätzt, können sich Vertreter deutscher Firmen in den Vereinigten Arabischen Emiraten viel verscherzen.

Um in der arabischen Welt auch geschäftlich erfolgreich zu sein, lohnt ein Blick auf die wissenschaftliche Arbeit des amerikanischen Anthropologen Edward T. Hall. Nach seiner Definition teilt sich die Business-Welt in zwei völlig unterschiedliche Mentalitäten:

1. **am Abschluss orientierte Mentalität**

2. **an der Beziehung orientierte Mentalität**

Abschlussorientierte Mentalität

Zentrales Merkmal dieser Mentalität ist die Trennung von Beruflichem und Privatem. Im Mittelpunkt der am Abschluss orientierten Mentalität steht die Sache, das Ergebnis, der Erfolg, eben **der Abschluss**. Auf dieses Ziel werden Verhalten und Verhandeln ausgerichtet.

Abschlussorientierte Kulturen sind zum Beispiel Nord- und Westeuropa, Nordamerika, Australien, Neuseeland und Südafrika. Als etwas zurückhaltender gelten Süd- und Osteuropa, der Mittelmeerraum, Hongkong und Singapur.

Beziehungsorientierte Mentalität

Zentrales Merkmal dieser Mentalität ist das enge Zusammenspiel von Beruflichem und Privatem. Im Mittelpunkt der beziehungsorientierten Mentalität steht das Interesse am Menschen, am Gegenüber, am Privaten, eben **an der Beziehung**. Auf diese gute Beziehung wird das komplette Verhalten ausgerichtet.

Beziehungsorientierte Kulturen sind zum Beispiel der größte Teil Afrikas, Lateinamerika, der größte Teil Asiens und die arabischen Länder.

Treffen nun abschlussorientierte Deutsche auf beziehungsorientierte Araber, können (unnötige) Konflikte durch Unverständnis oder Missverständnis entstehen. Auf Araber wirken Deutsche dann leicht aufdringlich, arrogant und unverblümt, die bereits ausgeführten negativen Eigenschaften lassen sich also ganz einfach dadurch erklären. Umgekehrt wirken Araber auf ihre deutschen Geschäftspartner oft zögerlich, vage und schwer fassbar.

Es ist ihnen wichtig erst eine persönliche Beziehung herzustellen und Vertrauen aufzubauen, bevor Geschäfte abgeschlossen werden. Daher müssen einige Stolpersteine bedacht werden, die Deutschen schnell unterlaufen, um überhaupt mit den Arabern ins Geschäft zu kommen

Der Schlüssel zum Verständnis der arabischen Geschäftspartner liegt für die deutsche Seite im Zugang über die Beziehungsebene. Ehe die arabischen Partner „zur Sache" kommen, sind Geduld und Kontinuität beim Aufbau einer tragfähigen Beziehungsebene unumgänglich. Diese Beziehung kann dann aber auch deutlich belastbarer sein als eine „bloße" Geschäftsbeziehung.

2.

MIT DER ZEIT (UM)GEHEN

Vom Wert der Zeit und vom Umgang mit

der Zeit im arabischen Geschäftsleben –

Wie wir uns besser von deutscher Pünktlichkeit verabschieden

„Menschen, die Zeit haben, sind Menschen,
die nicht glauben, sie müssten alles selbst tun."

Emil Oesch, deutscher Autor und Philosoph

Der von alten Preußentugenden geprägte deutsche Unternehmer kennt den Spruch „Fünf Minuten vor der Zeit ist des Soldaten Pünktlichkeit". Und er erwartet im geschäftlichen Umgang diese Pünktlichkeit und Zuverlässigkeit sowohl von seinen Mitarbeitern als auch von seinen Geschäftspartnern. In der arabischen Welt ticken die Uhren allerdings oftmals ganz anders, nämlich gar nicht.

Eine Verspätung gilt als lässlich bis üblich und ist auf jeden Fall überhaupt kein Grund, sich aufzuregen. Zwischenmenschliche Kontakte, ein gutes Gespräch, familiäre Verpflichtungen oder ein Wunsch aus dem großen Kreis der Freunde sind allemal gute Gründe, mit entsprechender Verspätung zum vereinbarten Termin zu erscheinen. Und niemand in der arabischen Welt wäre deshalb auch nur verstimmt.

Geduld ist eine der wichtigsten Eigenschaften, die auch und gerade von Besuchern ungeduldig erwartet werden würde, wäre Ungeduld nicht eine Untugend. Das macht die Terminplanung im Umgang mit arabischen Geschäftspartnern sogar eigentlich einfacher als in abendländischen Zusammenhängen. Denn ein eng getakteter Zeitplan, in Europa Ausweis höchster Effizienz, führt in den Vereinigten Arabischen Emiraten nur zu vermeidbarem Verdruss. Hier macht es immer Sinn, ganz viel Zeit einzuplanen. Im Vorteil ist auch immer derjenige, der kurzfristig und flexibel reagieren kann, wenn sich Zeiten und Ort der Termine überraschend verschieben.

Tappt ein deutscher Gast in der arabischen Welt in die selbst gestellte Falle zu dichter Terminplanung und muss seinerseits einen Termin verschieben oder gar absagen, so sollte er auf keinen Fall die simple und womöglich auch wahre Formulierung „Ich habe keine Zeit" verwenden. Diese Ansage klingt in arabischen Ohren äußerst unhöflich und kann sogar als Beleidigung aufgefasst werden. Weitere Termine oder gar Geschäfte ausgeschlossen. In einer solchen Situation ist es ratsam, weiche und indirekte Formulierungen zu finden, die dem arabischen Geschäftspartner stets das Gefühl der Wertschätzung geben. Empfehlenswert: Die Araber mit ihren eigenen Werten charmant zu entwaffnen und auf dringende familiäre Verpflichtungen zu verweisen – diese Entschuldigung wird jederzeit als hoch verantwortlich akzeptiert und gilt auch nicht als unprofessionell.

3.

AM DRAHT AUF DRAHT

Vom richtigen Telefonieren mit arabischen Geschäftspartnern –
Wie wichtig die richtig wichtige Handy-Nummer sein kann

„Wahre Freundschaft ist eine
sehr langsam wachsende Pflanze."

George Washington

Am Telefon sind wir Deutschen durchaus verwöhnt. Rufen
wir irgendwo an, so meldet sich nach gängiger Etikette der
Angerufene mit vollem Namen. Und rufen wir bei einem
gut geführten Unternehmen an, so sind sämtliche
Mitarbeiter intensiv auf Freundlichkeit und Service gedrillt
und melden sich mit eingeübten Standard-Begrüßungen, die
keine Wünsche offen lassen: „Guten Tag, Sie sind verbunden
mit der Firma Baustoffe Hugendübel. Mein Name ist Tobias
Tacker. Was kann ich für Sie tun?" Von derart verbindlichen

Verbindungen können wir bei Gesprächen in oder mit den Vereinigten Arabischen Emiraten nur träumen.

Ob bei Privatleuten oder Geschäftsanschlüssen – üblich ist nur ein knappes „Ja?" oder „Hallo" des Angerufenen. Und dann obliegt es dem Anrufer, sich schlau zu fragen über den Gesprächspartner: Sprechen wir mit der richtigen Firma? Mit der richtigen Niederlassung? Mit der richtigen Abteilung? Mit dem richtigen Mitarbeiter? Der Service in dieser Kommunikation wird eher als Bring- den als Holschuld verstanden.

Verschärfend kommt hinzu, dass auch im Geschäftsleben Handys weit verbreitet sind. Der Vorteil liegt auf der Hand: Der gewünschte Gesprächspartner ist bequem und direkt erreichbar, umständliche Umwege über Telefonzentralen und Sekretariate entfallen. Doch der Vorteil ist auch der Nachteil, denn es ist gar nicht so einfach, an die Handy-Nummern der wirklich wichtigen Führungskräfte zu kommen. Deshalb ist ein gut geführtes Telefonbuch mit Handy-Nummern ein kaum zu überschätzender Baustein des Erfolgs. Die Handy-Nummer ist in der nach Statussymbolen verrückten arabischen Welt immer auch Gradmesser der Bedeutung und Macht ihres Inhabers. Viele gleiche Ziffern oder lineare Ziffernfolgen und dergleichen sind mithin sichtbare Indizien der Wichtigkeit.

Weil Geduld eine arabische Kerntugend ist und im Umkehrschluss Ungeduld als ungehörig empfunden wird, sind telefonische Follow-Ups mit Vorsicht zu genießen. Auch wenn es dem deutschen Wunsch nach Ordnung, Verlässlichkeit und Pünktlichkeit widerstrebt, sollte von allzu häufigen Nachfragen abgesehen werden. Dies wird schnell als aufdringlich empfunden und wirkt kontraproduktiv. Der arabische Geschäftspartner könnte leicht das Gefühl mangelnden Vertrauens bekommen. Oder die Nachfrage gar als Zweifel an seiner Kompetenz werten, die Angelegenheiten im für die arabische Welt angemessenen Zeitraum zu erledigen. Beides kann das abrupte Ende einer erfolgversprechend beginnenden Geschäftsbeziehung sein.

Wer in der arabischen Welt Zufriedenheit verbreiten und Zufriedenheit verspüren möchte, sollte sich also gedanklich bei der Uhr von Sekunden- und Minutenzeiger verabschieden und im Kalender eher den Wochen- denn den Tagesmodus wählen. Dann stimmt auch das deutsche Sprichwort in ganz anderer Bedeutung ganz neu, wonach Zeit wirklich Geld ist…

4.

DAS ERSTE TREFFEN

Vom Smalltalk zum Business –
Wie sich Kommunikation schon von
der Begrüßung an erfolgreich gestalten lässt

„Freundlichkeit ist eine Sprache,
die Taube hören und Blinde lesen können."

Mark Twain, Schriftsteller

Alle reden übers Wetter – wir auch. Aber nur, um vor allzu seichtem Smalltalk zu warnen. Denn während wir in westeuropäischen Kulturen gewohnt sind, nach ein paar belanglosen Nettigkeiten ziemlich direkt zum geschäftlichen Teil des Gesprächs zu kommen, gelten in den Vereinigten Arabischen Emiraten ganz andere Regeln. Auch wenn die höflichen Nachfragen nach dem Befinden des Gesprächspartners, seiner Familie und seinem Umfeld für westliche Ohren wie die gewohnten Floskeln klingen, so kommt ihnen hier doch eine wichtige Bedeutung zu. Denn der arabische Gesprächspartner möchte sich zunächst in aller Ruhe ein Bild seines Gegenübers machen, eine persönliche Ebene finden und erste Schritte hin zu einer vertrauensvollen Beziehung gehen. Deshalb sollte das vermeintliche „Aufwärm-Geplänkel" sehr ernst genommen werden.

Es ist deshalb von Vorteil, über einige Themen für den Smalltalk zu verfügen. Da die Gesprächspartner aus verschiedenen Ländern kommen können, sollten vorab Landeskenntnisse der Emirate sowie Informationen aus den Herkunftsländern der ausländischen Fachkräfte erworben werden.

Mehr Kenntnisse auf deutscher Seite über die wirtschaftlichen, politischen, sozialen, mentalen und historischen Zusammenhänge in der Golfregion wären für geschäftliche Zwecke nützlich.

Es kann jedoch durchaus sein, dass nicht alle Geschäftspartner viel Zeit in das persönliche Kennenlernen investieren wollen. Rechnen Sie am besten mit beiden Möglichkeiten und achten Sie auf Signale, wann die Zeit gekommen ist, über Geschäftliches zu reden

Im Idealfall ist der Gast bestens auf seinen arabischen Gesprächspartner vorbereitet, kennt etwa einige Vorlieben oder weiß um Themen, die geschätzt werden. Auf jeden Fall sollte viel Zeit eingeplant werden. Und nicht überrascht oder enttäuscht sein, wenn beim ersten Treffen überhaupt nicht über Geschäftliches gesprochen wird – jede Minute, die als vertrauensbildende Maßnahme in das erste Gespräch investiert wird, trägt später Früchte. Geduld zahlt sich hier aus – so wie auch bei allen folgenden Gesprächen, bei denen immer wieder die Betonung der persönlichen, im besten Fall freundschaftlichen Beziehung Vorrang hat. Das eigentliche Anliegen wird immer erst gegen Ende des Gesprächs vorgebracht – und auch dann stets freundlich und geduldig, auch wenn das dem auf effiziente Kommunikation gedrillten Europäer schwerfallen mag.

Hände weg von „Hand drauf!"

Der kernig-stabile Händedruck auch zwischen Frauen und Männern gilt Mitteleuropäern, Nord- und Lateinamerikanern oder auch Australiern als Ausweis von Dynamik und Zugewandteit. Der „zupackende Macher" gilt ja nicht von ungefähr als positive Eigenschaft. Anders verhält es sich bei der Begrüßung in der arabischen Welt. Denn während auch hier unter Männern ein Händedruck oder landestypische Begrüßungsformen üblich sind, gelten für Frauen und ausdrücklich auch für Business-Frauen besondere Regeln. Denn besonders religiös geprägte Männer lehnen es ab, fremde Frauen zu berühren. Das gilt besonders kurz vor den Gebetszeiten. Frauen sollten also immer abwarten, ob der arabische Gesprächspartner von sich aus die Hand gibt. Ein fester Blick in die Augen des Gegenübers ist auf jeden Fall hilfreich, denn expressive Kulturen wie Araber, Türken oder Südeuropäer legen Wert auf direkten Blickkontakt. Wichtig ist auch die Beachtung der Hierarchien: Zunächst wird der Gastgeber begrüßt, dann der Älteste und dann die übrigen Anwesenden. Erleichtert wird diese formelle Reihenfolge allerdings meist durch den Gastgeber, der die Vorstellung der Anwesenden übernimmt und dann natürlich auch die Reihenfolge festlegt.

Wer sich mit diesem auf den ersten Blick frauenfeindlichen Verhalten schwer tut, sollte sich die Bedeutung der Religion in der arabischen Welt vor Augen führen. Und aus Erfahrung möchte ich hinzufügen, dass der Kontakt auf längere Sicht genauso vertrauensvoll, herzlich und belastbar sein wird wie erhofft, auch wenn die ersten Eindrücke anders sein mögen. Wichtig ist, sich auf die Besonderheiten des arabischen Umgangs mit Frauen einzulassen und die westliche Brille abzusetzen. Denn wenn einer Frau der Händedruck verwehrt wird und sie zunächst nicht in das Gespräch mit einbezogen wird, so ist das keinesfalls ein Zeichen von Ablehnung. Im Gegenteil: Gerade religiös geprägte Männer werten dieses Verhalten als besondere Ehrerbietung einer fremden Frau gegenüber. Zusätzlichen Respekt erfahren Frauen außerdem, wenn sie verheiratet und Mutter sind.

Wichtig: Geduld ist wie immer das Zauberwort. Auf wenn die ersten Treffen auf den ersten Blick sehr formal und steif verlaufen, so wird sich mit wachsendem Vertrauen auch die für den arabischen Raum so typische Begrüßungszeremonie mit mehrmaliger gestenreicher Umarmung und Wangenküssen ergeben. Nur nicht mit der Tür ins Haus fallen und stets freundlich und geduldig bleiben, dann öffnen sich die Türen von ganz allein.

5.

DER STATUS-QUO(TIENT)

Von der Wichtigkeit der Hierarchien und Familien –
Wie Herkunft, Visitenkarten und familiäre Bande über
geschäftlichen Erfolg entscheiden

„Ein Geheimnis des Erfolgs ist,
den Standpunkt des anderen zu verstehen.

Henry Ford, Großindustrieller

Status ist nicht alles in der arabischen Welt. Aber ohne
Status ist alles nichts. Gerade Golfaraber legen großen Wert
auf Hierarchien, sind doch ihre Staatsform und ihr
gesellschaftliches Leben auf steile Hierarchien und das
Denken und Arbeiten in Klientel-Zirkeln aufgebaut.
Arabische Gesprächs- und Geschäftspartner erwarten
deshalb einen ausgefeilten Umgang in Bezug auf ihre
Stellung in der Hierarchie. Um mit dem „Schwarzen Gürtel

in Diplomatie" zu glänzen, sollte entsprechender Aufwand bei der Vorbereitung auf Termine und Gespräche betrieben werden. Status, familiäre Herkunft (ganz wichtig!) und Stellung im Unternehmen und die entsprechenden Respektsbezeugungen sind die Eintrittskarte für erfolgreiche geschäftliche Beziehungen. Im Gegenzug bedeutet eine Verletzung von Status, Hierarchie und Position in der Regel den Abbruch der Beziehungen. Nochmals betont werden soll an dieser Stelle die herausragende Bedeutung der familiären Herkunft. In der traditionell-konservativen Gesellschaft der Golfaraber macht die „richtige" Familie den Unterschied. Gesprächspartner sollten also alle Informationsquellen nutzen, um die familiären Verbindungen und Beziehungen ihres Gegenübers möglichst detailliert auf dem Schirm zu haben.

Gleich zu gleich

Eine logische Schlussfolgerung aus dieser zutiefst hierarchisch geprägten Gesellschaft ist die unbedingte Beachtung der Gleichrangigkeit aller Gesprächs- und Verhandlungspartner. Ein Bruch wird schnell als Beleidigung empfunden. Also trifft der General Manager den General Manager und der Assistent den Assistenten. Großen Wert legen arabische Geschäftspartner auf die persönliche Anwesenheit von Firmeneigentümern oder Vorstandsmitgliedern, wenn Joint Ventures unterzeichnet oder Unternehmen gegründet werden. Die persönliche Aufwartung ist äußeres Zeichen des Respekts und der Wertschätzung und deshalb von großer Bedeutung. Der ranghöchste Besucher sitzt übrigens bei Meetings an der rechten Seite des Gastgebers – ein Zeichen besonderer Ehrerbietung.

In aller Form

In den arabischen Golfstaaten ist eine korrekte formelle Ansprache üblich. Korrekt meint dabei korrekt: Vor dem ersten Treffen sollten europäische Gesprächspartner genauestens über Titel, Position und die korrekte Schreibweise und Aussprache des Namens im Bilde sein und diese Aussprache nach Möglichkeit mit einem Native Speaker geübt haben. Diese Respektsbezeugung sichert gleich beim ersten Treffen wertvolle Pluspunkte. Nicht vergessen werden sollte dabei, dass die in den arabischen Staaten übliche Anrede mit dem Vornamen (*Mr. Hans, Mr.*

Ahmed) keinesfalls unserem „Duzen" entspricht. Ehe keine entsprechend vertrauliche Aufforderung erfolgt, sollte der Titel stets dem Vornamen vorangestellt bleiben.

Hochrangige Persönlichkeiten sind stets mit ihrem vollen Titel anzusprechen, zum Beispiel *Sheikh Ahmed, His/Your Highness* (Herrscher) oder *His/Your Excellency* (Angehörige der Herrscherfamilie, Botschafter, Minister und hohe politische Würdenträger). Auf den Titel folgt der Vorname. So lautet dann beispielsweise die korrekte Ansprache des Herrschers von Dubai *Your Highness Sheikh Mohammed*.

Das arabische Wort „Sheikh" hat eine weit gefasste Bedeutung, steht in der Regel für „Ältester" oder „Verehrungswürdigster" und wird für Persönlichkeiten verwendet, die eine besondere soziale oder religiöse Stellung inne haben. Achtung: Während in Saudi-Arabien die Anrede „Sheikh" allgemein üblich ist, wird sie in den übrigen Golfstaaten nur für Regierende und andere hohe Würdenträger verwendet.

Im Schriftverkehr wird stets der volle Name mit allen Titeln verwendet, wobei die korrekte Schreibweise und die richtige Reihenfolge der einzelnen Namensbestandteile selbstverständlich wichtig sind. Frauen behalten in der arabischen Welt übrigens nach der Hochzeit ihren Nachnamen. Die Ehefrau von Herrn Mansour ist also nicht etwa mit Frau Mansour anzusprechen, sondern mit ihrem Geburtsnamen, also zum Beispiel Frau Al-Shamsi. Auch in dieser Beziehung ist die gründliche Vorbereitung auf die Gesprächspartner in ihrer positiven Wirkung von großer Wichtigkeit, um einen glänzenden Eindruck zu hinterlassen.

Gute Karten sind Trumpf

Visitenkarten sind noch mehr als im europäischen Geschäftsleben ein absolutes Muss. Auf die korrekte Visitenkarte gehören Vor- und Nachname, gegebenenfalls Titel und akademische Grade, berufliche Position, Abteilung, Adresse inklusive Telefon-, Handy- und Faxnummern, E-Mail, Social Media, Web-Adresse und Firmenlogo. Besonders im Schmelztiegel der Vereinigten Arabischen Emirate mit ihren mehr als 200 Nationalitäten sind professionell gestaltete und gedruckte Visitenkarten von entscheidender Bedeutung. Um den arabischen Geschäftspartnern das mühselige Aussprechen europäischer Namen zu ersparen, sollten die Visitenkarten auf der

Rückseite komplett ins Arabische übersetzt sein und eine lokale Telefonnummer enthalten.

Visitenkarten werden bei Meetings am Anfang des Treffens ausgetauscht. Wichtig: Übergabe und Entgegennehmen der Visitenkarten erfolgen immer mit der rechten Hand, die Übergabe der Visitenkarten erfolgt in hierarchischer Reihenfolge, wenn der Gastgeber keine andere Abfolge einleitet.

6.

ESSEN UND TRINKEN

Von Wert gemeinsamer Mahlzeiten –
Wie Gastgeber und Gäste aufeinander eingehen

„Freundschaft fließt aus vielen Quellen,
am reinsten aber aus Respekt."

Daniel Dafoe, Schriftsteller

In der arabischen Welt fängt nicht der frühe Vogel den Wurm, sondern eher der späte. Denn nicht zuletzt wegen des Klimas wird die Hauptmahlzeit des Tages hier erst ab 21 Uhr oder noch später serviert. Für Europäer, die eher an warmen Mittagstisch gewöhnt sind, kann diese Umstellung anstrengend sein. Weil jedoch erstens beim Essen gern Geschäfte gemacht werden und zweitens die gemeinsame Mahlzeit in jedem Fall als Zeichen der Wertschätzung gilt, ist der Gast gut beraten, sich dieser Gepflogenheit anzupassen. Auch aus religiösen Gründen werden in den arabischen Ländern vor allem Datteln, Tee, Kaffee und Wasser gereicht. Auf Alkohol sollten Europäer bei Treffen mit arabischen Geschäftspartnern am besten ganz verzichten – es sei denn, der Gastgeber fordert ausdrücklich dazu auf.

Auch wenn es in abendländischen Gefilden als unhöflich gilt: Im arabischen Raum werden Handys auch bei gemeinsamen Mahlzeiten im Restaurant gern auf den Tisch gelegt. Dies wird als gängige Praxis akzeptiert und hat auch mit der Fixierung der Araber auf Statussymbole im Allgemeinen und Handys im Besonderen zu tun. Aus Rücksicht auf die übrigen Teilnehmer des gemeinsamen Essens werden die Handys aber immerhin etwas leiser gestellt.

Wer zum Essen in das Privathaus seines arabischen Geschäftspartners eingeladen wird, darf sich geehrt fühlen. Nun ist es wichtig, den Erwartungen des Gastgebers zu entsprechen. So empfehlen sich als wertvolle Mitbringsel. Blumen sind im Geschäftsleben als Präsente ebenso unüblich wie zum Beispiel Parfüm. Ganz wichtig, um Sympathie-Punkte zu sammeln: Geschenke für die Kinder, über deren

Alter und Anzahl sich der Gast vorab entsprechend informiert hat. In der Regel sollte der Mann die Geschenke an den Gastgeber überreichen, der sie ungeöffnet zur Seite legen wird. Aber keine Sorge: Später wird er umso genauer begutachten, was denn da mitgebracht worden ist. Werden Sie als Geschäftsfrau allein eingeladen, so überreichen Sie die Gastgeschenke ebenfalls nur an den Gastgeber, die direkte Hinwendung an dessen Frau wird zumindest in der frühen Phase des Kennenlernens leicht als unschicklich empfunden.

Vor dem eigentlichen Essen werden im Salon („*Majlis*") Getränke, in der Regel Tee oder arabischer Kaffee und Datteln gereicht. Danach beginnt die Mahlzeit. Bitte darauf achten, dass die Hände vor dem Essen gewaschen sind. Ein Waschraum ist neben der „Majlis" zu finden. Egal, welche Speise dann kredenzt wird – zu fast jedem traditionellen arabischen Essen gibt es arabisches, dünnes Fladenbrot, das als Ersatz für Messer und Gabel benutzt wird. Sie können selbstverständlich auch einfach mit den Finger essen. Alternativ wird das Brot in kleine Stückchen gebrochen, aus denen dann quasi kleine Schaufeln geformt werden. Mit diesen „Werkzeugen" werden die Speisen aufgenommen und zum Mund geführt. Achtung: Das Brot wird bei jedem Bissen mitgegessen und nicht etwa ein zweites Mal benutzt. Es empfiehlt sich (ähnlich wie bei den Stäbchen der Chinesen), diese Methode des besteckfreien Essens in Ruhe daheim zu probieren und so bis zu einer gewissen Tisch-Reife zu vervollkommnen, um peinliche Auftritte zu vermeiden.

Wer sitzt wo?

Grundsätzlich sitzt in der traditionellen arabischen Tischordnung der männliche Gast zur Rechten des Gastgebers. Sind Sie als Frau allein eingeladen, warten Sie höflich und geduldig, bis der Gastgeber Ihnen einen Platz zuweist. So umschiffen Sie diplomatische Klippen, denn in sehr traditionellen arabischen Familien essen Männer und Frauen getrennt. Ob Ihr Gastgeber sich schon so weit westlich geprägt präsentiert, dass er Ihnen den Platz an seiner Tafel anbietet, muss er selbst entscheiden.

Als Zeichen der Höflichkeit werden stets die Gäste aufgefordert, doch mit dem Essen zu beginnen. Legen Sie ruhig langsam los, denn Sie werden immer wieder aufgefordert, doch noch weiter zuzulangen. Je länger und je mehr Sie essen (können), desto zufriedener wird Ihr Gastgeber sein. Erst wenn Sie auch beim besten Willen wirklich keinen Nachschlag mehr schaffen, lehnen Sie drei Mal höflich, aber bestimmt ab. Dann weiß Ihr Gastgeber, dass Sie wirklich satt sind. Vergessen Sie aber nicht, stets einen kleinen Rest auf Ihrem Teller zurückzulassen. Denn das gilt hier nicht als unfein, sondern bedeutet den Gastgebern, dass Speis und Trank in mehr als ausreichendem Maße angeboten worden sind. In Haushalten der gehobenen Mittelschicht wird das Essen in der Regel von Hausangestellten zubereitet, das Lob steht jedoch den Gastgebern zu. Aber bitte nicht übertreiben: Nach dem Kaffee sollten Sie den Gastgebern für den wunderschönen Abend danken und das hervorragende Essen loben. Zum Ende des Abends werden die Gastgeber Sie dann mehrfach auffordern, doch zu bleiben. Dennoch verabschieden sich die Gäste nun höflich, denn diese Aufforderung ist lediglich Teil des üblichen Gastgeberrituals und keinesfalls eine echte Einladung zur Übernachtung. Erwartet wird vom Gast allerdings eine (echte!) Gegeneinladung.

Arabische Gäste

Werden arabische Geschäftspartner von Europäern eingeladen, die vor Ort über keine eigene Villa verfügen, so ist ein schickes Szene oder Fine Dining Restaurant üblich. Dabei bevorzugen Araber Restaurants, die ein Buffet anbieten. Jede Hotel-Rezeption kann Auskunft geben über die entsprechend angesehenen und/oder angesagten Restaurants der jeweiligen Region.

Als Gastgeber obliegt es bei Tisch nun Ihnen, Ihre arabischen Gäste mindestens drei Mal, möglicherweise aber auch noch öfter aufzufordern, sich zu bedienen. Fruchtet das nicht, ist es auch üblich, Gästen unaufgefordert Essen aufzutragen. Das wird nicht als ungehörig oder aufdringlich empfunden. Im Gegenteil: Ohne massives Drängen kann es passieren, dass Ihre arabischen Gäste zunächst gar nichts anrühren.

Werden arabische Gäste in Europa zum Essen in ein Restaurant eingeladen, sollte unbedingt auf ihre religiöse Befindlichkeit geachtet werden. Ein rustikales Wirtshaus mit viel Schweinefleisch auf der Karte zeugt nicht unbedingt von großer Sensibilität. Wer dagegen darauf achtet, eine Mahlzeit ohne Schweinefleisch und Alkohol anzubieten und wer zudem noch betonen kann, dass das Fleisch nach islamischer Vorschrift geschlachtet worden ist, der wird bei seinen arabischen Gästen einen glänzenden Eindruck hinterlassen. Der entsprechende Verweis „Das ist *halal!"* (also entspricht den islamischen Vorschriften) wird von Gästen aus der arabischen Welt entsprechend goutiert werden. Achten Sie auch darauf, dass stets die arabischen Gäste mit dem Essen beginnen – egal, wie lange Sie sie dazu drängen mussten.

7.

SELBST(BEWUSST) IST DIE FRAU

Von der richtigen Gestik,

dem richtigen Stehen und Sitzen und der Kleiderordnung –

Wie Frauen in der arabischen Welt angemessen auftreten

„Respect for ourselves guides our morals;
respect for others guides our manners."

Laurence Sterne, Autor

Auch wenn das traditionelle Rollenverständnis in der religiös-konservativ geprägten arabischen Welt überhaupt nicht unserem Bild von Gleichberechtigung entspricht, so hat dieses Rollenverständnis erstaunlicherweise doch keine Auswirkungen auf den Umgang arabischer Männer mit Business-Frauen aus der westlichen Welt. Im Gegenteil: Arabische Männer nehmen ausländische Frauen besonders aus Europa, den USA oder auch Kanada auf Augenhöhe ernst und respektieren sie. Der Grund ist ganz einfach: Golf-Araber gehen davon aus, dass Frauen in westlichen Kulturen ganz selbstverständlich in führenden Positionen tätig sind, damit Macht ausüben und in allen Belangen voll entscheidungsbefugt sind.

Ist sich die westliche Geschäftsfrau dieser respektvoll-positiven Grundstimmung ihrer arabischen Geschäftspartner ihr gegenüber bewusst und vermeidet sie Verstöße gegen die Spielregeln im Umgang mit Golf-Arabern, so kann sie sich ausgesuchter Höflichkeit und bester Manieren ihrer männlichen Gesprächspartner sicher sein.

Das geht

Angemessene, gepflegte Erscheinung. Hochwertige Kleidung gilt in der arabischen Welt als Statussymbol. Die Gesellschaft in den Vereinigten Arabischen Emiraten ist streng formal ausgerichtet, (nach)lässige Kleidung gilt also nicht etwa als cool oder lässliche Sünde, sondern als Mangel an Wohlstand, Bildung, guter Kinderstube und Benehmen. Bei einer Geschäftsreise gehört also die seriöseste und hochwertigste Markenkleidung, Handtasche und Schmuck in den Koffer, die der heimische Kleiderschrank hergibt. Außerdem sollten Sie als Frau eine Auswahl Tücher mitnehmen, um sich beim Besuch einer Moschee oder bei einem Familienbesuch das Haar bedecken zu können.

Das geht nicht

Wer's hat, sollte es hier dennoch auf keinen Fall zeigen. Sparen Sie sich das üppige Dekolleté, den gewagten Schlitz im Kleid und die tiefrot geschminkten Lippen für heimische Gefilde auf – in den Vereinigten Arabischen Emiraten werden Sie sofort und unwiederbringlich in die falsche Schublade einsortiert und verlieren Ihre Integrität. Arme und Beine haben hier bedeckt zu sein, auf keinen Fall sollten Sie Oberarme oder gar Schultern entblößen. Das klassische Kostüm mit Strümpfen oder ein elegantes langes Kleid, der Allzweck-Hosenanzug mit tollen eleganten Tücher, Schmuckstücken, Gürteln, Schuhen sind dagegen angemessen.

Die traditionelle Kleidung der Golfaraber ist für den Mann die weiße „Kandura" und für die Frau die schwarze „Abaya".

Als europäische Frau mit einer hochwertigen „Abaya" zum

Meeting zu erscheinen, wird auch gerne gesehen. Entscheiden sie selber, in welcher Business Kleidung sie sich wohl fühlen.

Smart casual

Bei Geschäftsterminen, aber auch bei Empfängen und Abendveranstaltungen wird der Dresscode in der Regel auf der Einladung vermerkt. Üblich ist in den Vereinigten Emiraten *„smart casual"*, also die dezente Abendgarderobe. Es empfiehlt sich, möglichst schnell die Freundschaft zu einer gesellschaftlich gut gestellten arabischen Frau aufzubauen. Sie weiß am besten, zu welchen Anlässen auch dezente Abendkleider (womöglich sogar mit Dekolleté) oder andere modische Wagnisse passend sind und wann ein Fauxpas drohen könnte.

Sollten Sie mit männlichen Kollegen in den Vereinigten Arabischen Emiraten unterwegs sein, die mit den Besonderheiten der arabischen Welt nicht so vertraut sind wie Sie nach der Lektüre dieses Ratgebers, so scheuen Sie sich nicht, klare Worte zu finden und den Kollegen so Peinlichkeiten zu ersparen: Männer tragen hier im Geschäftsleben immer, aber wirklich immer einen Anzug und gerne mit Krawatte, egal bei welcher Temperatur. Die im Westen verbreitete legere „Marscherleichterung" mit abgelegtem Jackett wird nur durch den arabischen Gastgeber angeboten. Für diesen Fall der Fälle sollten Männer allerdings immer ein hochwertiges Hemd tragen, am besten eine Maßanfertigung mit eingestickten Initialen. Araber achten auf derlei Details. Kurze Hosen und kurze Ärmel sind ein Affront und nur im Sport geduldet.

Sparsame Gesten

Zu den weit verbreiteten Vorurteilen der Europäer gegenüber der arabischen Welt gehört das Bild vom wild gestikulierenden Araber. Dieses Bild kommt ja auch nicht von ungefähr und gehört im Libanon, in Jordanien, in Syrien oder auch Ägypten durchaus zum täglichen Leben. In den Vereinigten Arabischen Emiraten aber werden Gesten sparsamer eingesetzt. Dieses Verhalten hat aber nichts mit mangelnder Höflichkeit oder gar Desinteresse zu tun, sondern ist der abwartenden Zurückhaltung der Golf-Araber geschuldet. Wer sich diese angenehm ruhige Art des Umgangs schnell zu eigen macht, sammelt Pluspunkte und vermeidet es, als aufdringlich oder fordernd zu gelten.

Richtig Stehen

Studien haben gezeigt, dass es in der westlichen Welt einen Mindestabstand gibt, der bei Stehempfängen, Gesprächen und derlei Gelegenheiten allgemein als angenehm und passend empfunden wird. Achtung: In der arabischen Welt ist dieser Abstand häufig um die Hälfte geringer, was aber nicht etwa mit mangelndem Respekt oder Distanzlosigkeit verwechselt werden darf. Weicht der europäische Gast dagegen seinem eigentlichen Gefühl folgend zurück, so wird dieses Verhalten sehr wohl als unhöflich empfunden. Achten Sie also auf den Abstand, den die Araber untereinander halten. Wobei beachtet werden muss, dass die Distanz auch davon abhängt, wie lange sich die Beteiligten schon kennen, welchem Geschlecht sie angehören und in welcher hierarchischen Stellung sie sich zueinander befinden. Verwandte oder gute Freunde (männlich) begrüßen sich sogar mit einem Beduinen „Nasenstüber" – um die Schicklichkeit dieser Begrüßung für sich selbst einordnen zu können, ist wiederum der gute Rat einer guten arabischen Freunden von unschätzbarem Wert.

Richtig Sitzen

Nicht erst seit „Basic Instinct" wissen wir, dass der richtigen Haltung der Beine im Sitzen eine große Bedeutung zukommt. Entgegen westlicher Gewohnheit gilt es für Golf-Araberinnen als äußerst unfein, die Beine übereinander zu schlagen. Wer diese Grundregel auch als europäische Geschäftsfrau beherzigt, glänzt mit Insiderwissen und kann sich des Wohlwollens der arabischen Gesprächspartner sicher sein.

8.

IN ALLER FREUNDSCHAFT

Vom Wert fester Beziehungen –
Wie Vertrauen und Kontinuität die Grundlage geschäftlichen
Erfolges bilden und Konflikte gelöst werden

„Vertrauen ist eine Oase im Herzen,
die vonder Karawane des Denkens nie erreicht wird."

Khalil Gibran, Maler und Philosoph

Vertrauen ist gut, noch mehr Vertrauen ist besser und Kontrollen sind unter Freunden eigentlich überflüssig. Das klingt für den auf Controlling gedrillten Europäer zunächst befremdlich, ist aber der Schlüssel zur arabischen Welt. Hier dreht sich alles um Familie, Beziehungen, Freund- oder auch Seilschaften und eben um das ganz persönliche Vertrauen von Mensch zu Mensch. Die entsprechende Währung heißt dementsprechend nicht Zahlen, sondern Zeit. Um die

Beziehung zu arabischen Geschäftspartnern auf eine verlässliche und grundsolide Basis zu stellen, sind mehrere Treffen und ein ausführliches Kennenlernen Pflicht. Bei diesen Treffen geht es zunächst mal überhaupt nicht ums Geschäftliche, sondern um die privaten Interessen, Hobbys, Vorlieben und damit um den „Draht" zwischen den potentiellen Partnern. Auch wenn diese ersten Treffen also keine sofort sichtbaren Erfolge zeitigen, so sind sie auch in Zeiten voller Terminkalender dennoch gut investierte Zeit.

Nach dem ersten persönlichen Treffen gilt es, den Kontakt bis zum nächsten Gespräch per Telefon, Sprachnachrichten , E-mail und Social Media konsequent zu halten. Kurze Grüße zu Jubiläen, Jahreswechseln, nationalen oder islamischen Feiertagen wie Ramadan Eid, Nationalfeiertag oder anderen Gelegenheiten sind wichtig, wobei es immer um die persönliche Note und nie ums Geschäftliche gehen sollte. Auch bei der geschäftlichen Korrespondenz vertiefen eine persönliche Anmerkung, ein kleines Geschenk oder ein Einladung die Beziehung zum arabischen Geschäftspartner. Nehmen Sie Ihrerseits nach Möglichkeit jede Gelegenheit und jede Einladung wahr und zeigen Sie Präsenz vor Ort.

Das schafft Nähe und Vertrauen in einem möglichst engmaschigen Netzwerk. Ohne Vertrauen keine Freundschaft, ohne Freundschaft keine langfristig erfolgreichen Geschäfte.

Gastfreundlichkeit ist in der arabischen Welt ein hohes Gut. Erwarten Sie also arabische Geschäftsfreunde in Ihrem Unternehmen, so zeigen Sie sich glänzend vorbereitet und bieten Sie nur alkoholfreie Getränke wie Wasser, Säfte, Kaffee und Tee in reicher Auswahl an. Haben Sie bereits Kontakte in die arabische Welt, so machen Sie sich über die dortigen Gepflogenheiten bei der Zubereitung von Kaffee und Tee schlau und zeigen Sie Ihren Gästen, dass Sie persönlich damit vertraut sind. Das schafft sofort eine offene und angenehme Atmosphäre. Und bleiben Sie geduldig und lassen Sie sich Zeit, ehe Sie auf die geschäftlichen Themen zu sprechen kommen. Oft fühlen sich Araber in westlichen Büros unwohl, weil Gastfreundschaft und Gesprächskultur zu kurz kommen und der Gastgeber sofort zum Geschäft kommen will.

Wenn's mal knirscht

Natürlich wird es trotz aller Beziehungspflege wie in jedem geschäftlichen Umgang auch bei Verhandlungen und Vereinbarungen mit arabischen Geschäftspartnern zu Dissonanzen und Konflikten kommen. Hier ist es hilfreich, um die mentalitätsbedingten Unterschiede in der Konfliktlösung zu wissen. Denn während in der westlichen Geschäftswelt direkter Widerspruch, klare Fragen und klare Antworten, auf den Punkt gebrachte Ansagen und knackige Fristen von Kompetenz und Durchsetzungskraft zeugen, geht der arabische Geschäftspartner den Konflikt sehr viel indirekter an. Hier wird eben nicht zwischen Person und Sache getrennt, sondern jede Kritik in der Sache (wie berechtigt sie auch immer sein mag) wird auch immer als Kritik an der Person empfunden. Statt also zu einer sachlich-fachlichen Lösung zu kommen, wird das Problem bagatellisiert, vielleicht sogar schlicht geleugnet und auf jeden Fall vertagt. Denn der drohende Gesichtsverlust wiegt weit schwerer als das eigentliche Problem.

Druck oder Drohungen werden in diesem Fall bei arabischen Geschäftspartnern immer ins Leere laufen und können schnell zum Abbruch der Beziehungen führen. Ein erprobter Weg zur Konfliktlösung ist die Berufung eines Schlichters. Wenn ein möglichst angesehener und ranghoher Mentor / Schiedsrichter den Fall abwägt und eine Lösung vorschlägt, können sich die Konfliktparteien ohne Gesichtsverlust einigen und weiterhin auf Augenhöhe miteinander Geschäfte machen. Wie so ziemlich alles in der arabischen Welt, so kostet auch dieses Procedere Zeit und Nerven. Wer jedoch nicht über Geduld und eine gesunde Mischung aus Lang- und Demut verfügt, der sollte seinen Geschäfte ohnehin besser in Europa oder den USA nachgehen.

9.

HIER ZÄHLEN NICHT NUR ZAHLEN

Von der Unmöglichkeit deutscher Qualität

zu chinesischen Preisen –

Wie der Wert der Wertarbeit richtig kommuniziert wird

„Es gibt den Maler, der aus der Sonne einen gelben Fleck macht. Aber es gibt auch den Maler, der mit Überlegung und Handwerk aus dem gelben Fleck eine Sonne macht."

Pablo Picasso

Geiz ist geil. Das gilt, man mag es beklagen oder nicht, gerade auch in der arabischen Welt. Besonders die Golf-Araber verlangen beste Qualität „made in Germany" zu Preisen, wie sie von indischen oder chinesischen Produzenten aufgerufen werden. Ganz besonders hoch ist der Preisdruck in den Vereinigten Arabischen Emiraten, weshalb hier bei Geschäften auch ganz besonders gute

Argumente für anständige Qualität zu anständigen Preisen notwendig sind. Dazu bedarf es einer möglichst exakten Vorbereitung sowohl auf die Anforderungen an das Produkt oder die Dienstleistung als auch auf den Kunden und seine individuellen Vorlieben und möglichen Marotten. Denn über den reinen Preiskampf wird sich deutsche Wertarbeit eben nicht sinnvoll an den arabischen Kunden bringen lassen.

Folgende Fragen sind beim Vorab-Check auf jeden Fall zu prüfen:

- Gab es bereits Verhandlungen?

- Wie lange sind diese Kontakte her?

- Wer führte die Verhandlungen?

- Welche Ergebnisse wurden vereinbart (Protokolle, Notizen)?

- Gibt es bereits persönliche Kontakte/Verbindungen zum Geschäftspartner?

- Wer wird an den Verhandlungen teilnehmen?

- Welche Hierarchien greifen beim Geschäftspartner?

Entscheidend ist während der Verhandlungen, die sich durchaus je nach Geschäftsfeld über Monate oder gar Jahre hinziehen können, die ebenso nachdrückliche wie eindrucksvolle Präsentation und die glaubwürdige Kommunikation der Stärken des Produkts oder der Dienstleistung. Die Waren oder Leistungen sollten dabei möglichst durch Alleinstellung sowohl Qualität als auch Status und Prestige versprechen. Dazu zählen Argumente wie maßgeschneiderte Lösungen, hervorragende Wartungs- und Serviceleistungen, Zusatzleistungen wie Beratungen und Schulungen oder mögliche Folge- oder Koppelungsverträge. Statt einer Verramschung kann es zielführend sein, mit dem selbstbewussten Hinweis auf die außerordentliche Qualität einen Festpreis am besten mit Vorkasse zu verlangen und gar nicht erst zu verhandeln. Dazu braucht es natürlich wieder Geduld und gute Nerven, aber auch in der arabischen Welt ist auf Dauer das Gute der Feind des Schlechten und am Ende das Bessere sogar der Feind des Guten.

10.

KLEINE GESCHENKE...

Von der Pflege guter Beziehungen –
Wie unterschiedlich Wert und der Stellenwert von Geschenken
eingeschätzt werden

„Das wahre Geschenk macht einen reicher,
obwohl man gibt."

Knut Hamsun, Schriftsteller und Nobelpreisträger

Der Gast mit Güte kommt mit Tüte. Das weiß der deutsche
Volksmund und das trifft auch auf die arabische Welt zu.
Gastgeschenke werden hier zwar nicht zwingend erwartet,
sind aber üblich und gehören zum guten Ton. Wobei es
allerdings in jedem Fall wichtiger ist und von den
arabischen Geschäftsfreunden auch deutlich höher bewertet
wird, der Bitte um einen (kleinen oder großen) Gefallen
nachzukommen. Und auch wenn sich der gewünschte

Gefallen einmal nicht realisieren lässt, so wird doch schon das intensive Bemühen hoch geschätzt.

Bei der Auswahl der Geschenke sollte vor allem auf die Ausgewogenheit geachtet werden. Allzu teure Gaben könnten zu Verstimmungen führen, da der Beschenkte sich in der arabischen Welt in jedem Fall zu revanchieren hat. Allzu billige Gaben wirken lieblos und zeugen in den arabischen Augen von Geringschätzung. Wie so oft empfiehlt es sich auch hier, über Gewährsleute in der arabischen Welt zu verfügen, die entsprechende Hinweise geben. Lassen im umgekehrten Fall Gäste aus den Vereinigten Arabischen Emiraten ihren Gastgebern Geschenke zukommen, so sollten diese unter Beachtung eines höflichen Rituals des ersten Ablehnens und dann dankenden Akzeptierens angenommen werden. Auch wenn es sich nicht selten um wirklich hochwertige Präsente handelt, die nach westlichen Kriterien durchaus schon unter „Bestechung" fallen könnten.

Was soll man schenken?

In der Golfregion sind Geschenke beliebt, die mit der Heimat des schenkenden Gastes zu tun haben, da darf der Nutzwert für den beschenkten Araber auch ruhig gegen null tendieren. Gern genommen werden regionale Leckereien, hochwertige Bildbände, kostbares Porzellan mit Prestige-Faktor wie Meißen, KPM oder Rosenthal, Schreibutensilien und bei entsprechenden Sprachkenntnissen der Gastgeber auch kostbare Ausgaben deutscher Literatur – mit dem „West-östlichen Divan" von Johann Wolfgang von Goethe in einer aufwändigen zwölfbändigen Prachtausgabe liegt man beispielsweise immer richtig. Gern genommen werden auch hochwertige „Staubfänger" wie Briefbeschwerer, weil besonders solche Statussymbole in den Vereinigten Arabischen Emiraten beliebt sind, die sich wie beiläufig präsentieren lassen und nicht eigens hervorgeholt werden müssen – das würde schnell als Angeberei ausgelegt. Höchst unpassend sind Schweinefleisch und Alkohol, deshalb bleiben edler Obstbrand und Schwarzwälder Schinken besser daheim. Wichtig zu wissen ist auch, dass Hunde in den Vereinigten Arabischen Emiraten wenig beliebt sind und sich deshalb weder als Geschenk (Kalender etc.) noch als Gesprächsthema eignen.

Auf Dauer höchst sinnvoll ist das Anlegen einer VIP-Datei mit den besonderen Vorlieben der arabischen Geschäftspartner. Hier werden Hobbys, Wünsche, Spleens und auch Abneigungen ebenso festgehalten wie die Liste der bereits überreichten Geschenke, um peinliche Wiederholungen zu vermeiden. Bewährt hat sich auch ein Geschenke-Fundus im Unternehmen, der über Allzweck-Charakter verfügt und aus dem auch kurzfristig passende Gaben angefordert werden können.

11.

RELIGION UND RAMADAN

Vom Respekt vor den religiösen Regeln –
Wie der Islam auch für den Umgang im Geschäftsleben von
Bedeutung ist

„Schlagt eure Zelte weit voneinander auf,
aber nähert eure Herzen."

Ali Al Tamimi, arabischer Dichter

In der offiziellen (da ausdrücklich und sehr betont) wie auch in der privaten Welt (da je nach persönlicher Haltung durchaus auch abgemildert) dreht sich am arabischen Raum alles um den Islam. Der Islam ist dabei nicht „nur" Religion, sondern Richtschnur für alle Lebensbereiche und somit auch relevant für die Gesellschaftsordnung und für den Umgang mit Geschäftspartnern im Wirtschaftsleben. Eine Trennung von Islam und einfachen weltlichen Dingen ist nicht vorstellbar. Um hier also sowohl persönlich als auch wirtschaftlich erfolgreich sein zu können, sollten die aus dem Islam resultierenden Grundregeln im Verhalten akzeptiert und stets respektiert werden.

Das geht nicht

Religion taugt nicht als Diskussionsthema, erst recht nicht im Smalltalk. Vermeiden Sie alles, was auch nur den Anschein einer Herabwürdigung oder gar Beleidigung des Islam, seines Propheten Mohammed oder des Koran erwecken könnte. Sollten Sie selbst Atheist sein, so machen Sie dieses auch auf Nachfrage besser nicht zum Thema. Golf-Araber können einen „gottlosen" Lebensentwurf weder verstehen noch nachvollziehen. Weitere Tabuthemen im privaten wie geschäftlichen Umgang sind übrigens die Nahostpolitik . Und, ganz wichtig gerade für Gäste aus Deutschland: Verkneifen Sie sich im Umgang mit Arabern pro-israelische Anmerkungen oder Kommentare, auch wenn unsere geschichtliche Verantwortung davon selbstverständlich unberührt bleibt.

Auf jeden Fall streng beachtet werden sollten die Handlungsvorschriften, die für Muslime aus dem Koran folgen. Laden Sie also nicht gedankenlos zu einem „Absacker an der Bar" oder zum Mittagessen im Fastenmonat Ramadan. Der Ramadan ist ohnehin keine gute Zeit für Geschäfte, weil das öffentliche Leben nur eingeschränkt stattfindet.

Das geht

Für die allzeit wichtige Pflege der persönlichen Beziehungen indes ist der Ramadan ideal: Einladungen zum *„Iftar"* (Fastenbrechen) sollten unbedingt angenommen oder bei Gelegenheit auch ausgesprochen werden. Auch Grüße zu religiösen Anlässen insbesondere den „Eid Mubarak" Grüßen werden als Zeichen des Respekts und der Wertschätzung gern gesehen.

12.

DER HUMOR

Vom Humor –

Wie ein Scherz zur rechten Zeit jede Situation entspannt

„Nachdem Gott die Welt erschaffen hatte, erschuf er Mann und Frau. Um das Ganze vor dem Untergang zu bewahren, erfand er den Humor."

Guillermo Mordillo, Zeichner

Die richtige Prise Humor ist das Getriebeöl des Geschäftslebens. Bei schwierigen Verhandlungen, bei sich anbahnenden Konflikten oder bei drohenden Missverständnissen entspannt ein Scherz zur rechten Zeit die Situation. Wer gemeinsam lachen kann, der findet auch in der Verhandlung oder im Gespräch leicht wieder zueinander.

In der arabischen Welt wird allerdings nicht der hemdsärmelige und krachlederne Humor geschätzt. Statt der breiten Axt wird hier lieber die feine Klinge des humoristischen Floretts geführt. Witze über Minderheiten oder ernste religiöse Themen wirken hier verletzend. Sind Sie auch nur ein ganz klein wenig unsicher, ob Ihr Witz oder Ihre Pointe passend ist, lassen Sie das Erzählen besser sein. Und wenn Sie einen guten Witz haben, stellen Sie die Erzählung in den Vordergrund und nicht den Erzähler.

13.

DIE ALLZWECKWAFFE „INSHAALLAH"

Von der heiteren Gelassenheit –

Wie ein Zauberwort als Allzweckwaffe zwischen

Ja, Nein und Vielleicht funktioniert

„Nehmen Sie die Menschen,
wie sie sind, andere gibt's nicht."

Konrad Adenauer, Bundeskanzler

Das gibt es nicht nur in Europa, das gibt es auch in der arabischen Welt: schwierige Verhandlungen, sich anbahnende Konflikte, drohende Missverständnisse oder auch handfeste Enttäuschungen durch Wort- oder Vertrauensbruch. Wo dann aber in Europa das laute Wort, die persönliche Fehde, der öffentliche Pranger etwa in den sozialen Netzwerken oder gleich der direkte Weg zum Gericht gesucht wird und die Gräben dadurch immer nur noch tiefer werden, reagiert in diesen Fällen in der arabischen Welt die heitere Gelassenheit als das Mittel der Wahl.

Und nirgends zeigt sich diese heitere Gelassenheit besser und eleganter als in der Wendung „In scha'Allah", auch „inschallah" geschrieben. Die deutsche Übersetzung mit „So Gott will" trifft dabei längst nicht die volle Bandbreite, den „inschallah" ist viel mehr als nur der demütige Hinweis auf die am Ende alles lenkende und bestimmende Hand Gottes. Vielmehr kommt hier eine Mischung aus Fatalismus und Demut zum Ausdruck, die alle weltliche Freude und eben auch allen weltlichen Ärger relativiert und in einen größeren Zusammenhang stellt. Im Christentum ist diese Haltung am ehesten mit dem Bibelzitat „Ist's aber aus Gnaden, so ist's nicht aus Verdienst der Werke; sonst würde Gnade nicht Gnade sein" (Römer 11, 6) zu vergleichen, das populär gern auch als „Nichts ist Verdienst, alles ist Gnade" verwendet wird. Und auch die spanischen und portugiesischen Worte „ojalá" und „oxalá", die „hoffentlich" bedeuten, gehen auf das arabische „inschallah" zurück.

Wann passt nun ein gelächeltes „inschallah" besonders gut? Eigentlich immer und genau das macht es zur Allzweckwaffe. Von freundlicher Ablehnung bis zu endloser Vertröstung, von der mündlichen Terminvereinbarung bis zur Vorbereitung eines Geschäftsabschlusses: Wer ein freundlich-fatalistisches „inschallah" hinterherschiebt, der stellt alles Wirken und Wollen unter den Vorbehalt der göttlichen Zustimmung und zeigt damit den großen Respekt vor dem höchsten Stellenwert der Religion in der arabischen Welt. Und wenn es dann wie so oft erstens anders kommt und zweitens als man denkt, dann galt ja von Anfang immer, genau: „inschallah".

Einen beeindruckenden Business-Start

in die Welt der 1001 Nacht!

DANKE, DANKE, DANKE

Schukran, Schukran, Schukran

an meine Familien und Freunde, Behörden und
Institutionen, die mich inspiriert und begleiten.

In gnadenloser DANKBARKEIT,

Birgit Maria Kemphues

More books for you:

www.ingramcontent.com/pod-product-compliance
Lightning Source LLC
Chambersburg PA
CBHW021504210526
45463CB00002B/882